Recueil des décrets et Règlements
sur le régime des associations.

RECUEIL

DES

DÉCRETS ET RÈGLEMENT

SUR

LE RÉGIME DES ASSOCIATIONS

TERRITORIALES

D'ARLES, TARASCON ET NOTRE-DAME-
DE-LA-MER.

TARASCON

LIBRAIRIE ANTOINE AUBANEL

1873

DÉCRET IMPÉRIAL

CONTENANT *Organisation pour toutes les Associations territoriales des Communes d'Arles et Notre-Dame-de-la-Mer.*

EXTRAIT des minutes de la Secrétairerié d'Etat.

Au palais de Milan, le 4 Prairial an 13 (24 mai 1805.)

NAPOLÉON, EMPEREUR DES FRANÇAIS,

Sur le rapport du Ministre de l'Intérieur :

Vu la loi du 14 floréal, an 11, sur le Curage des Canaux et Rivières non navigables, Entretien des Digues et Ouvrages d'art qui y correspondent ;

Vu les délibérations prises par la commune et les habitants d'Arles en 1542, homologuées par arrêt du ci-devant parlement de Provence, du 2 mars 1545 ;

Vu le tableau général des Associations territoriales des communes d'Arles et de Notre-Dame-de-la-Mer ;

Considérant que le territoire de ces deux communes est exposé à être submergé par le défaut d'entretien et réparations des chaussées et digues qui servent à contenir les eaux du Rhône dans son lit, et à les préserver des inondations de ce fleuve et du ravage de la Mer, faute par les associations existantes d'y avoir pourvu depuis plusieurs années ; que les canaux appelés *Vidanges* servant à faire couler les eaux qui submergent les terres, ainsi que les canaux de dérivation qui amènent les eaux du Rhône et de la Durance pour les fertiliser, sont également en mauvais état, par la même cause ;

Considérant que les progrès de la détérioration de tous ces ouvrages, n'ont été occasionnés que par le peu d'harmonie qui régnoit dans les principes d'après lesquels ces associations étoient régies, et qu'il est important de les amener à un régime uniforme qui, avec les encouragemens et les secours qui pourraient leur être fournis, leur permette de se livrer plus efficacement à la restauration du territoire de la plus vaste étendue, et, sous tous les rapports, aussi précieux à l'État qu'aux particuliers ;

Le Conseil d'Etat entendu,

Décrète ce qui suit :

TITRE Ier.

Tenue des Assemblées.

Art. Ier. Il y aura tous les ans une assemblée

générale de chaque association, qui se tiendra devant notaire dans le mois de messidor et thermidor au plus tard, convoquée de la part des syndics à son de trompe et cri public dans tous les lieux et places accoutumés des villes d'Arles et Notre-Dame-de-la-Mer, et de plus par billets, envoyés aux membres de l'association qui ont le droit de délibérer aux termes de l'article 7 ci-après.

2. Outre cette assemblée ordinaire, les syndics pourront convoquer l'association dans des cas extraordinaires et dans tel délai qu'ils arbitreront suivant le degré d'urgence.

3. Ils seront tenus de prévenir la mairie du jour et du lieu où se tiendra chaque assemblée, et de son objet.

4. Tout membre d'une association pourra aussi requérir les syndics de la convoquer, en leur soumettant par écrit l'objet sur lequel il désirera faire délibérer.

5. Si les syndics ne jugent pas nécessaire de faire droit à cette réquisition, ils en donneront les motifs au bas de la demande dans la 15^{ne}.

6. Le membre à qui on aura refusé de convoquer l'association pourra recourir à l'autorité du sous-Préfet, qui prononcera sur sa demande et les refus motivés des syndics.

TITRE II.

Du Droit de voter aux Assemblées.

7. Nul ne sera admis à voter dans les assemblées dès associations territoriales d'Arles, s'il n'est propriétaire ou usufruitier dans l'association par lui-même ou par sa femme, même non commune en biens, ou par ses enfants en sa puissance, d'immeubles portés pour un revenu de cent francs au moins dans la matrice du rôle de la contribution foncière, dont il sera tenu de justifier s'il en est requis.

8. Pourront néanmoins plusieurs propriétaires dans le territoire d'Arles, ayant un moindre revenu, se réunir et se faire représenter en l'assemblée par une personne investie de leur pouvoir authentique et spécial, qui sera tenue de justifier que ses mandants ont dans l'association des propriétés portées au moins pour le revenu de cent francs dans la matrice du rôle de la contribution foncière.

9. Sont exceptés des dispositions des articles 7 et 8, les possédans-biens dans les associations territoriales d'Arles, connus sous le nom de chaussée du grand Trébon, du petit Plan-du-Bourg, du Mas Thiber et Saliers, lesquels pourront voter dans leurs assemblées

avec un revenu de vingt-cinq francs, ou se joindre plusieurs pour former ce revenu, et s'y faire représenter de la même manière portée en l'article 8, et en réunissant d'ailleurs les autres qualités portées au même article.

10. Nul ne sera admis à voter dans les assemblées de l'association territoriale de Notre-Dame-de-la-Mer, s'il n'est propriétaire ou usufruitier de biens portés en la matrice de rôle pour un revenu de soixante-quinze francs, et s'il ne réunit les qualités portées en l'art^e. 7 : pourront néanmoins, ceux qui ont un moindre revenu, se réunir et se faire représenter aux assemblées, comme il est dit en l'art^e. 8, en justifiant qu'ils ont tous ensemble le susdit revenu de soixante-quinze francs.

11. Quand les Communes ou l'Etat auront des possessions dans lesdites associations, elles seront représentées aux assemblées, les premières, par le Maire ou un de ses adjoints, ou par leur fondé de pouvoir, et l'État, par le délégué du Préfet qui résidera dans la commune, et sera convoqué par billet.

12. Les délibérations seront prises à la majorité des membres présens, et elles seront valables quel que soit le nombre des délibérans ; en cas de partage, le plus ancien syndic présent à la délibération aura voix prépondérante.

TITRE III.

Des Syndics.

13. Deux syndics régiront et administreront les affaires de toute association composée de moins de trente membres ; trois et quatre au plus, celles des associations composées de trente membres et au-delà. Les syndics de Notre-Dame-de-la-Mer seront toujours pris moitié parmi les habitans, et moitié parmi les forains.

14. Les syndics resteront quatre ans en place, ils seront renouvelés de manière qu'il y ait toujours en exercice au moins la moitié des anciens. Les syndics sortans pourront être réélus.

15. Le sort déterminera pour la première fois ceux des syndics actuellement en exercice depuis quatre ans et plus, qui devront sortir. Le tirage au sort n'aura lieu qu'en messidor ou thermidor de l'an 13. Les syndics actuels seront tenus de continuer leurs fonctions jusqu'au terme qui sera celui des premières élections.

16. L'élection des syndics et le remplacement de ceux qui seront décédés dans l'année auront lieu tous les ans dans les assemblées qui se tiendront en messidor ou thermidor.

17. Nul ne pourra être nommé à l'avenir syn-

dic d'aucune association, s'il ne justifie d'y être propriétaire ou usufruitier par lui, sa femme, même non commune en biens, ou ses enfans en sa puissance, d'immeubles portés pour un revenu de deux cens francs sur la matrice de rôle de la contribution foncière. Néanmoins il suffira pour être syndic de l'association de Notre-Dame-de-la-Mer, d'y justifier d'un revenu de cent cinquante francs, et pour l'être des Chaussées de Trébon, petit Plan-du-Bourg, Saliers et Mas Thiber, d'y justifier un revenu de cent francs.

18. Les septuagenaires et les syndics réélus pourront seuls s'excuser des fonctions du syndicat. Les illétrés n'y seront point admis.

19. Les syndics feront au moins une fois par année et en floréal les visites des digues, chaussées, canaux, ponts et autres ouvrages de l'association ; ils en dresseront verbal et rendront compte de l'état où ils les auront trouvés, à la première et plus prochaine assemblée.

TITRE IV.

Des Travaux et Dépenses.

20. Chaque association déterminera en l'assemblée annuelle de messidor ou thermidor, et dans celles que des cas extraordinaires nécessi-

teroient, les dépenses à faire pour l'entretien ou le renouvellement des digues, canaux, ponts, écluses et ouvrages de toute espèce, étant à sa charge, la forme en laquelle les travaux seront exécutés, et nommeront aussi les bayles ou préposés qui devront les diriger ou surveiller, lesquels bayles ou préposés pourront néanmoins être congédiés par les syndics, et provisoirement remplacés par eux, en cas qu'ils donnent lieu à des mécontentemens.

21. Il sera établi une cote pour faire face à ces dépenses, ainsi qu'au paiement des rentes et autres charges de l'année, répartie d'après les bases portées par les anciens cadastres de chaque association ; celles qui n'en auroient point, en feront dresser un dans les neuf premiers mois de l'an 13, par deux experts, dont un géomètre, à moins qu'elles ne préfèrent de suivre un autre mode de répartition, qui n'imposera cependant le contribuable qu'en proportion de l'utilité qu'il retirera des travaux qui devront s'effectuer, et ce, en conformité de l'article 2 de la loi du 14 floréal an ii.

22. Dans le cas où les intéressés ne se rendroient pas aux assemblés sur la convocation des syndics, ceux-ci n'en seroient pas moins tenus de déterminer les travaux à faire pour

l'entretien des digues, canaux et autres ouvrages à la charge de l'association, de fixer la cotisation nécessaire pour les acquitter et d'en ordonner l'exécution.

23. Si par quelque accident extraordinaire, l'association étoit obligée à une dépense qui dût absorber la moitié du revenu net de ses propriétés, elle pourroit y pourvoir par un emprunt en l'année où tel événement auroit lieu, mais à la charge d'établir une cote annuelle suffisante pour faire le service des intérêts, et arriver graduellement à l'extinction de la dette.

24. Les syndics dresseront les rôles de la cotisation que chaque membre de l'association devra supporter en exécution des délibérations sur ce prises. Ils se feront aider dans cette opération par telle personne de leur choix qu'ils trouveront bon d'employer, et qui sera payée par l'association.

25. Faute par les syndics de dresser lesdits rôles et de les remettre au percepteur qui devra les recouvrer, comme il sera dit art^e. 50, le sous-Préfet les fera faire d'office à leurs frais.

TITRE V.

Du Percepteur.

26. Le recouvrement des cotes, soit ordi-

naires, soit extraordinaires de toutes les associations territoriales d'Arles, sera fait par un percepteur unique, à qui le bail en sera passé pour six ans au rabais sur affiches et deux publications devant le sous-préfet, à la poursuite de la commission centrale.

27. Le recouvrement de celles de l'association de Notre-Dame-de-la-Mer sera donné à bail, de la même manière, à un autre percepteur, devant la mairie, à la poursuite du syndic.

28. Le premier bail aura lieu dans la première quinzaine de fructidor an 13, et sera renouvelé de la même manière tous les six ans.

29. Nul ne sera admis à enchérir à la perception d'Arles, s'il n'est pourvu d'une caution qui justifiera avoir des propriétés immobilières pour la valeur de cinquante mille francs, affranchies de toute hypothèque, ni à la perception à faire à Notre-Dame-de-la-Mer, s'il n'est pourvu d'une caution qui justifiera posséder des propriétés immobilières pour quatre mille francs, exemptes d'hypothèque.

30. Les syndics de chaque association remettront au percepteur les rôles de cotisation, pour qu'il puisse faire le recouvrement, savoir : des cotes ordinaires, du 15 fructidor au 15 vendémiaire, et des cotes extraordinaires, dans le

délai qui aura été déterminé par la délibération qui les aura créées.

51. Le percepteur se chargera de toutes autres sommes et deniers provenant d'emprunt et revenus des associations, sans augmention de son traitement.

52. Il fera bonnes et valables les cotes, à la fin du terme à lui donné pour en faire le recouvrement, pour que dès ce moment-là elles puissent être employées aux réparations et besoins de chaque association. Les contribuables qui ne les lui auront pas acquittées au terme fixé, lui en paieront l'intérêt à raison de cinq pour cent l'an, sans retenue jusqu'au paiement.

53. Il acquittera des deniers de sa recette les mandats qui seront délivrés sur lui par les syndics de chaque association, et qui seront signés, au moins par deux d'entr'eux dans les associations régies par trois ou quatre syndics, et qui pourront n'être signés que d'un seul syndic dans celles où il n'y en aura que deux, en cas d'absence ou de légitime empêchement de l'autre; mais à la charge par le percepteur de faire approuver par celui-ci, dans le mois, le mandat délivré par son collègue, de justifier de ses diligences en cas de refus, et d'en avertir l'association, en sa première et

plus prochaine assemblée. Il payera aussi, à chaque échéance, les rentes dues par les associations sur l'état qui lui en sera fourni par les syndics.

34. Il sera remis au percepteur, sous son chargement, un duplicata du registre cadastral de chaque association, pour y faire par lui l'émargement des mutations des biens qui arriveront par vente, échange ou décès, et il le représentera aux syndics toutes les fois qu'il s'agira de former de nouveaux rôles de cotisation.

35. Il rendra ses comptes, les fera clore et arrêter à la fin de chaque année et dans les deux premiers mois de la suivante au plus tard, par deux auditeurs des comptes que chaque association sera tenue de nommer en son assemblée ordinaire de messidor ou thermidor, il ne pourra s'y faire admettre en reprise aucune cote pour cause de perte de fruits, insolvabilité des débiteurs, ni pour telle autre cause que ce soit ou puisse être; ses comptes seront de plus visés par la commission centrale de l'association.

36. Seront dispensés de donner auxdits percepteurs le recouvrement et exaction de leurs cotes et revenus, les syndics des associations

qui voudront, ou l'un d'eux, s'en charger gratuitement, ce qu'ils seront tenus de déclarer avant la clôture du bail à l'enchère de la perception générale ; en ce cas, les syndics seront contraignables comme le percepteur général ; ils auront la même action que lui contre les débiteurs, et seront soumis à la même reddition de compte,

TITRE VI.

Amortissement de la dette ancienne.

37. Dans la première quinzaine de fructidor an 13, les syndics dresseront le rôle de tous les arrérages de cotisation encore dus ; à défaut, le sous-Préfet le fera dresser à leurs frais, et il sera remis au percepteur pour être mis tout de suite en recouvrement.

38. Le produit des cotisations arriérées sera exclusivement employé au paiement des arrérages de rentes ou intérêts et dettes à jour dus par l'association, dont le tableau sera également dressé et arrêté par les syndics, et par eux remis au percepteur.

39. En cas que les arrérages à recouvrer excèdent le montant des intérêts, rentes et dettes à jour arriérés, le surplus sera employé à l'extinction des dettes en capital les plus onéreuses.

40. Les syndics de chaque association seront tenus de convoquer une assemblée extraordinaire dans le courant du mois de vendémiaire an 14, à laquelle ils présenteront le tableau de toutes les dettes passives restant à payer après l'emploi ordonné par l'article précédent ; et d'y faire délibérer une cote extraordinaire, combinée de telle manière, quelle puisse amortir en trente années le capital desdites dettes, laquelle cote ne pourra être divertie à autre usage : seront exceptées de cet amortissement les rentes constituées ou ci-devant réduites à un taux inférieur au cinq pour cent, dans le cas où les capitalistes ne voudraient pas réduire leur capital sur le pied de vingt fois le montant de ces rentes.

41. Le rôle de cette cotisation extraordinaire sera ensuite dressé par les syndics de chaque association ; à défaut, le sous-Préfet le fera dresser d'office à leurs frais ; il sera remis au percepteur qui fera le recouvrement du premier terme dans le mois de floréal de l'an 14, et des autres termes successivement, d'année en année à pareille échéance, jusqu'à ce qu'on ne trouve plus de capitalistes qui veuillent réduire leurs capitaux à vingt fois le montant de leurs rentes.

TITRE VII.

Dispositions générales.

42. Tous les rôles de cotisations et répartitions qui seront dressés par les syndics, seront présentés avec les délibérations qui les auront ordonnées à l'approbation du Préfet, et par lui rendus exécutoires. Le recouvrement s'en opérera par le percepteur, de la même manière que celui des contributions publiques, en conformité de l'art. III de la loi du 14 floréal an II. Les états de contrainte seront visés par les syndics. Le percepteur pourra être poursuivi lui-même au besoin par les syndics et les rentiers des associations, à l'instar du receveur des deniers publics.

43. Les fermiers seront tenus d'avancer et payer pour les propriétaires le montant de leurs cotes ordinaires, sans pouvoir s'en excuser sous prétexte qu'ils auraient payé ou délivré par anticipation leur fermage.

44. Toutes contestations relatives à l'exécution des délibérations, au recouvrement des rôles, aux réclamations des individus imposés et à la confection des travaux, seront portées devant le conseil de préfecture, sauf le recours au Gouvernement, en conformité de l'article IV de la même loi.

45. Le présent règlement formera le statut fondamental de chaque association, tout autre statut et règlement demeurera dès maintenant révoqué.

TITRE VIII.

Du Comité central.

46. Il y aura une commission centrale des associations, composée de sept membres nommés par le Préfet, parmi les propriétaires intéressés, et chargée de surveiller immédiatement l'exécution du règlement ci-dessus, et toutes les parties de l'administration des syndics des associations territoriales des communes d'Arles et de Notre-Dame-de-la-Mer.

47. La commission centrale donnera préalablement son avis sur celles des délibérations des associations qui, par les lois, doivent être soumises à l'homologation de l'autorité supérieure, avant de recevoir leur exécution ; nulle autre délibération, nul traité, marché, emprunt ou autres actes ne pourront être exécutés sans l'approbation de la commission, sauf le recours au Préfet.

48. La commission centrale correspondra directement avec le Préfet, et lui proposera ses vues sur les améliorations que l'expérience pourra lui faire apercevoir, soit dans le ré-

gime desdites associations, soit dans l'exécution
des travaux et ouvrages qui tendent à la conservation ou à la fertilisation de leur territoire. Lors-
qu'un plan proposé par la commission centrale aura
été approuvé par le Préfet, les associations particulières seront tenues de s'y conformer.

49. Elle aura le droit de requérir la convocation extraordinaire de chaque association, qui
délibèrera sur sa réquisition et sur les propo-
sitions que la commission lui fera par écrit, ou
qui seront portées à l'assemblée par un de ses
membres.

50. La commission centrale s'assemblera régulièrement et de droit le premier dimanche de chaque mois.

51. Elle se choisira un président et un secrétaire pris dans son sein, qui se renouvelle-
ront tous les ans et qui pourront cependant être
réélus.

52. Elle pourra délibérer au nombre de quatre
membres ; ses délibérations seront prises à la majorité des suffrages, et signées par les membres
présens ; en cas de partage, le président aura voix
prépondérante.

53. Les membres de la commission resteront

en exercice pendant deux ans ; à l'expiration des deux premières années de sa création, il en sortira trois par la voie du sort, les quatre autres sortiront à l'expiration des quatre ans, et ils seront ainsi successivement renouvelés par trois ou par quatre de deux en deux ans. Les membres sortans pourront être réélus.

54. Il est alloué à la commission, pour frais de bureau, salaire d'un commis et menues dépenses, une somme qui est déterminée par le Préfet ; elle ne pourra excéder douze cens francs. Cette somme sera payée tous les ans au mois de brumaire, sur la simple quittance du secrétaire de la commission, savoir : neuf dixièmes, par le percepteur général des cotes des associations d'Arles, lequel en réglera le montant sur chacune d'elles, en proportion du montant de leurs cotes ordinaires, et le leur portera en dépense, et le dixième restant, par le percepteur de l'association de Notre-Dame-de-la-Mer, qui le passera aussi en dépense.

55. L'inspecteur de la sixième division des ponts et chaussées ayant sous sa surveillance les deux rives du Rhône dans tout son cours, aidera de ses lumières l'ingénieur en chef du département des Bouches-du-Rhône, s'il rencontre des difficultés pour l'exécution des travaux qui sont l'objet du présent règlement.

Cet inspecteur donnera un avis définitif lors-qu'il y aura, relativement aux ouvrages, des contestations, afin de maintenir l'unité dans le système d'entretien des chaussées, canaux et digues.

L'avis de l'inspecteur divisionnaire sera provisoirement exécuté, s'il n'est question que de réparations à faire à des ouvrages existans ; s'il s'agit de travaux d'art neufs, les projets en seront préalablement soumis à l'approbation de l'administration des ponts et chaussées.

56. Deux commissaires nommés par la commission centrale et pris dans son sein, feront, tous les trois mois, la visite des travaux, et leur rapport sera l'objet des délibérations de la commission.

57. Le Ministre de l'Intérieur est chargé de l'exécution du présent décret.

Signé **NAPOLÉON.**

Par l'Empereur :

Le Secrétaire d'État, signé Hugues B. Maret.

Pour ampliation,

Le Ministre de l'Intérieur, signé Champagny.

Pour copie conforme,

Le Chef de la division des ponts et chaussées,

signé Cadet Chambine.

Pour copie conforme être transmise au Chef de la Commission centrale des associations à Arles,

Le Secrétaire-Général, Girard.

DÉCRET IMPÉRIAL

Relatif à la Conservation des Chaussées du
- Rhône.

Au quartier-général impérial de Dresde, le 15 Mai 1813.

NAPOLÉON, Empereur des Français, Roi d'Italie, Protecteur de la Confédération du Rhin, Médiateur de la Confédération suisse, etc. etc. etc.,

Sur le rapport de notre Ministre de l'Intérieur ;
Vu notre décret du 4 prairial an XIII, contenant organisation pour toutes les associations territoriales des communes d'Arles et Notre-Dame-de-la-Mer, département des Bouches-du-Rhône ;

Notre Conseil d'État entendu,

Nous avons décrété et décrétons ce qui suit :

Art. I.er Les propriétaires riverains des chaussées du Rhône, intéressés à leur conservation, mais qui ne font partie d'aucune association, seront réunis en association, ou incorporés à l'association la plus voisine, par le Préfet, sur l'avis de la commission centrale : dans ce dernier cas, ils contribueront, en proportion de leur intérêt, aux charges de l'association , ex-

cepté aux dettes contractées avant leur incor-
poration.

2. Les propriétaires non riverains des chaussées
qui profitent de leur établissement et qui ne con-
tribuent point à leur entretien, seront également
incorporés à l'association la plus voisine et aux
mêmes conditions.

3. Les projets et devis de renouvellement ,
d'établissement et d'entretien des chaussées du
Rhône , seront faits par l'un des ingénieurs
des ponts-et-chaussées employés dans le département. Il fera, chaque année, la visite et la
vérification des chaussées, en présence des commissaires nommés par la commission centrale,
conformément à l'article 56 du décret du 4 prairial an XIII, et des syndics de chaque association pour ce qui la concerne. Il sera dressé
procès-verbal de l'état des chaussées, et un devis et détail estimatif des travaux à faire par chaque association, pour entretenir les chaussées à la
hauteur et dans les dimensions qui auront été dé-
terminées.

4. Les terres et matériaux nécessaires à l'entretien, à la réparation et à la confection des
chaussées, seront pris, moyennant une indem-
nité, sur les propriétés voisines, en dedans ou
en dehors, suivant que cela sera jugé le plus

convenable à leur solidité, et réglé par le procès-
verbal de visite.

5. Le procès-verbal de la visite, le devis et le
détail estimatif, seront communiqués à la commission centrale, qui les enverra au Préfet avec son
avis pour être approuvés.

6. La commission centrale enverra aux syndics
de chaque association la partie du détail estimatif des travaux qui seront à sa charge ; les syndics en feront immédiatement l'adjudication : elle
sera soumise à l'approbation de la commission
centrale.

7. Les syndics convoqueront , en même
temps, l'association pour délibérer la cote nécessaire au paiement du montant de l'adjudication, des rentes et autres charges, conformément à l'article 21 du décret du 4 prairial
an XIII.

8. Les syndics surveilleront ou feront surveiller
par les bayles ou les gardes-chaussées l'exécution
des travaux : ils ne seront entièrement soldés qu'a-
près que la réception en aura été faite dans une
visite générale qui aura lieu à cet effet, ainsi qu'il
est prescrit par l'article 3.

9. A défaut, par les syndics, de faire les adjudications et convocations, de délivrer dés

mandats, ou, par les associations, de délivrer les fonds nécessaires, il y sera pourvu par la commission centrale, qui pourra faire lesdites adjudications, convocations et impositions, et même délivrer les mandats de paiement, avec l'approbation du Préfet.

10. Si les syndics négligent de faire fermer une rupture survenue aux chaussées, la commission centrale y fera faire les travaux nécessaires, conformément à l'article précédent, à la charge d'en rendre compte au Préfet.

11. Nul ne pourra être nommé syndic, s'il ne réside dans l'une des communes d'Arles, Tarascon o uSaintes-Maries. On ne pourra être à-la-fois syndic ou bayle de deux associations.

12. Dans les associations où il y a trois syndics, un d'entre eux devra être habitant dans la ville de laquelle dépend l'association.

13. Lorsque le plan cadastral de la commune d'Arles sera terminé, les associations des chaussées pourront être réduites à trois, savoir : une pour la rive gauche du grand Rhône, et deux pour la Camargues. Il sera fait, d'après ledit plan cadastral, de nouveaux rôles de cotisation à la dépense des chaussées, suivant le degré d'intérêt de chaque classe de propriétés , et

nouveau règlement pour déterminer le mode de représentation et de délibération des intéressés.

14. Les particuliers qui se permettraient de faire des fouilles ou des trous dans le corps d'une chaussée, seront punis d'une amende de vingt-cinq francs ; l'amende sera double si ces dégradations ont eu lieu la nuit, sans préjudice des dommages et intérêts.

Ils seront, en outre, punis d'une détention qui ne pourra être moindre de trois jours, ni de plus d'un mois, en raison des dégradations commises.

15. Il ne pourra y avoir des haies, buissons et broussailles sur les chaussées ; ils seront arrachés, ainsi que les arbres qui, lors de la visite annuelle, seraient jugés nuisibles à la solidité des chaussées.

Il pourra, lors de la première visite, être accordé un délai aux propriétaires pour arracher tout ce qui s'y trouvera de semblable. En cas de retard, la commission centrale le fera arracher aux frais des propriétaires ou fermiers, qui paieront une amende équivalente au double des frais de cette main-d'œuvre, dont l'état sera réglé et rendu exécutoire par le Préfet.

16. Toute plantation ultérieure d'arbres,

haies et broussailles, donnera lieu à une amende d'un franc par arbre ou par mètre courant de haies ou broussailles, outre les frais d'arrachement et ceux de réparation des parties plantées.

17. Les terrains attenant aux chaussées ne pourront être cultivés qu'à deux mètres de la base des chaussées. Il ne pourra être creusé de fossés qu'à la même distance, et le talus des fossés sera conforme à celui de la chaussée.

Les abords des abreuvoirs établis au Rhône, à l'extrémité des chemins publics, seront entretenus par les associations.

On ne pourra établir des abreuvoirs ni aucun autre ouvrage au pied des chaussées, sans la permission de la commission centrale, donnée sur l'avis des syndics de l'association intéressée, le tout à peine d'une amende de vingt francs, outre les frais de réparation.

18. Le Préfet déterminera, d'après le rapport de la commission centrale et l'avis des ingénieurs des ponts-et-chaussées, quelles sont les chaussées sur lesquelles les besoins des communications exigeront le passage des voitures et chevaux : elle seront appropriées à cet usage.

19. Sur les autres chaussées , le passage de voitures, chevaux et bestiaux, donnera lieu à une amende de six francs pour une voiture, de

deux francs pour un cheval, et d'un franc pour une bête à cornes.

20. Les propriétaires de terrains dits *ségonaux*, situés entre le Rhône et les chaussées des associations, ne pourront à l'avenir établir des plantations, des chaussées, levadons ou autres ouvrages, qu'avec l'autorisation du Préfet, sur le rapport de l'ingénieur des ponts-et-chaussées et l'avis de la commission centrale.

21. Nul ne pourra faire des prises d'eau au Rhône, ni changer celles existantes, sans la même autorisation.

22. Les ouvrages mentionnés aux articles précédens ne pourront, dans aucun cas, intercepter la berge du fleuve ni le chemin de halage.

23. Toutes les chaussées, levadons ou autres ouvrages existans dans les ségonaux, seront vérifiés et inspectés par l'ingénieur des ponts-et-chaussées et la commission centrale dans leurs tournées : ceux desdits ouvrages qui seront jugés offensifs pour les chaussées des associations, ou destructifs de la berge du fleuve et du chemin de halage, seront détruits ou rectifiés par les propriétaires, après toutefois que les procès-verbaux des ingénieurs auront été communiqués aux propriétaires, dont les dé-

fenses seront pareillement produites devant la commission centrale, et le tout renvoyé au conseil de préfecture, qui statuera, sauf le recours en notre Conseil d'état.

24. Les bayles ou préposés commis par les associations, conformément à l'article 20 du décret du 4 prairial, pour la surveillance des chaussées et la direction des travaux, seront en outre gardes-chaussées : leur nomination sera confirmée par le Préfet. Ils seront spécialement chargés de constater par procès-verbaux les empiètemens, enlèvemens de terre ou matériaux, et dégradations de tout genre, qui pourraient être commis sur les chaussées.

25. Un conducteur des travaux, ou inspecteur des chaussées, sera en outre chargé de faire les visites, vérifications et rapports qui lui seront prescrits par la commission centrale, de surveiller les bayles, et de constater aussi les délits énoncés dans l'article précédent : il sera nommé par le Préfet, sur la présentation de la commission centrale.

26. Les gardes-chaussées et inspecteurs seront assermentés en justice ; ils affirmeront leurs procès-verbaux devant les juges de paix, et en remettront copie à la commission centrale.

27. L'inspecteur et les gardes-chaussées se-

ront sous les ordres de l'ingénieur des ponts-et-chaussées, pour ce qui concerne le service des chaussées. Outre leur traitement, ils recevront une remise sur les amendes prononcées par suite de leurs procès-verbaux : cette remise est fixée à la moitié pour les amendes de vingt francs et au dessous, et à dix francs pour les amendes au-dessus de vingt francs.

28. En cas d'insolvabilité des délinquans condamnés, l'association sur les chaussées de laquelle aura été commis le délit, paiera au garde-chaussée qui l'aura constaté, l'équivalent de la part de l'amende à laquelle il aura droit.

29. Il est alloué à la commission centrale pour frais de bureau, y compris le traitement de l'inspecteur des chaussées , conformément à l'article 54 du décret du 4 prairial an XIII, la somme de deux mille francs, laquelle sera répartie entre les associations et imposée additionnellement aux rôles de leurs cotisations annuelles.

30. Les indemnités que pourrait réclamer l'ingénieur des ponts-et-chaussées, pour les travaux des chaussées du Rhône dont il aura rédigé les projets et dirigé l'exécution, seront supportées par les associations et arrêtées par notre directeur général des ponts-et-chaussées, sur l'avis du Préfet.

31. Les chaussées seront divisées en arrondis-. semens de surveillance, pour leur conservation pendant les crues du Rhône.

Il y aura un serveillant pour une longueur de quatre mille cent mètres de chaussée.

32. Les surveillans seront nommés par chaque association parmi les propriétaires, ou, à leur défaut, parmi les fermiers qui la composent. Ils seront en fonctions pendant quatre ans; ils ne seront renouvelés que par moitié, et pourront être réélus.

33. Nul ne pourra refuser les fonctions de surveillant sans excuses légitimes : elles seront jugées par l'association, sauf le recours à la commission centrale. Les surveillans qui auront été réélus deux fois, pourront refuser d'en exercer ensuite les fonctions.

34. En cas d'absence et d'empêchement d'un surveillant, les syndics nommeront un surveillant provisoire, qui ne pourra refuser d'en remplir les fonctions, et jusqu'au remplacement d'un surveillant absent ou empêché, les surveillans des deux arrondissemens les plus voisins surveilleront l'arrondissement vacant.

35. Les surveillans seront sous les ordres des syndics, et les remplaceront en cas d'absence. Les fonctions des surveillans cesseront avec le danger.

36. Il sera établi pour chaque arrondissement, et aux frais des associations, un magasin ou dépôt de secours, lequel contiendra un approvisionnement en outils et objets nécessaires aux travaux des chaussées.

37. Lorsqu'une crue du Rhône menacera les chaussées d'une rupture ou d'un débordement, tous les habitans des communes d'Arles, Tarascon et Saintes-Maries, depuis seize ans jusqu'à soixante, seront tenus de se rendre, à la réquisition des Maires, sur les points des chaussées qui leur seront indiqués, pour y travailler pendant tout le temps qui sera jugé nécessaire, sous la direction des syndics ou des surveillans de l'arrondissement.

38. Le refus d'obéir à la réquisition du Maire, faite par voix d'avertissement, publication, ou au son du tocsin, sera puni d'une amende égale au prix de trois journées de travaux, et de trois jours de prison en sus de l'amende.

39. Les Maires classeront en outre en compagnies ou sections, les marins, travailleurs de terre, maçons, charpentiers et autres ouvriers dont le secours sera nécessaire aux chaussées dans les crues du Rhône.

40. Un ouvrier ou travailleur qui refusera

d'obéir à la réquisition du Maire, encourra une amende de six francs et de quatre jours de prison, et sera en outre puni conformément aux articles 415 et suivans du Code des délits et des peines, dans les cas prévus par ledit Code (*).

41. Les Maires requerront les voitures et bateaux nécessaires pour les transports de matériaux, secours, hommes et bestiaux.

(*) [CODE DES DÉLITS ET DES PEINES.]

« Article 415. Toute coalition de la part des ouvriers pour faire cesser en même temps de travailler, interdire le travail dans un atelier, empêcher de s'y rendre et d'y rester avant ou après de certaines heures, et en général pour suspendre, empêcher, enchérir les travaux, s'il y a eu tentative ou commencement d'exécution, sera punie d'un emprisonnement d'un mois au moins et de trois mois aû plus. »

« 416. Seront aussi punis de la peine portée par l'article précédent et d'après les mêmes distinctions, les ouvriers qui auront prononcé des amendes, des défenses, des interdictions ou toutes proscriptions sous le nom de damnations et sous quelque qualification que ce puisse être, soit contre les directeurs d'ateliers entrepreneurs d'ouvrages, soit les uns contre les autres. »

« Dans le cas du présent article et dans celui du précédent, les chefs ou moteurs du délit pourront, après l'expiration de leur peine, être mis sous la surveillance de la haute police, pendant deux ans au moins et cinq ans au plus. »

42. Chaque heure de retard, pour fournir un bateau ou une voiture, donnera lieu à une amende de six francs par voiture et de douze francs par bateau.

43. La peine de l'amende de trois journées de travaux et de trois jours de prison, sera encourue par le surveillant, le bayle ou sous-bayle qui refusera de servir ou qui abandonnera son poste.

44. Chaque association acquittera les dépenses faites pour elle pendant le danger : à cet effet, les associations s'imposeront annuellement le dixième de leur cote ordinaire. Ce fonds sera spécialement et uniquement affecté au paiement de ces dépenses ; et en cas d'insuffisance, l'excédant sera imposé par l'association.

Les dépenses générales faites pendant le danger seront supportées par toutes les associations, et acquittées sur les mandats de la commission centrale : le montant en sera recouvré par le percepteur général, sur un état de répartition dressé par la commission centrale, et rendu exécutoire par le Préfet.

45. Le vol des matériaux et des outils dans ces momens sera puni comme le vol d'instrumens d'agriculture, ainsi qu'il est dit à l'article 388 du Code des délits et des peines (*).

46. Tout individu qui, dans les crues du Rhône, percera les chaussées par une tranchée ou autrement, sera traduit devant la cour d'assises, pour lui être, s'il y a lieu, fait l'application des peines portées à l'article 437 du même Code (**).

47. Le mode d'organisation des ouvriers, de leur emploi, de surveillance des travaux, de

---

(*) [CODE DES DÉLITS ET DES PEINES.]

« Art. 388. Quiconque aura volé, dans les champs, des chevaux, ou bêtes de charge, de voiture ou de monture, gros et menus bestiaux, des instruments d'agriculture, des récoltes ou meules de grains faisant partie de récoltes, sera puni de la réclusion. »

« Il en sera de même à l'égard des vols de bois dans les ventes, et de pierres dans les carrières, ainsi qu'à l'égard du vol de poisson en étang, vivier ou réservoir. »

(**) [CODE DES DÉLITS ET DES PEINES.]

« Art. 437. Quiconque aura volontairement détruit ou renversé, par quelque moyen que ce soit, en tout ou en partie, des édifices, des ponts, digues ou chaussées ou autres constructions qu'il savait appartenir à autrui, sera puni de la réclusion et d'une amende qui ne pourra excéder le quart des restitutions et indemnités, ni être au-dessous de cent francs. »

« S'il y a eu homicide ou blessures, le coupable sera, dans le premier cas, puni de mort, et dans le second, puni de la peine des travaux forcés à temps. »

fixation de leurs salaires, dans le cas où il y aura lieu de les payer, et les rapports à établir entre les syndics, surveillants et bayles des associations, et les Maires et la commission centrale, seront déterminés par des règlements locaux approuvés par notre Ministre de l'intérieur.

48. Dans tout les cas prévus par le présent règlement, les parents seront civilement responsables pour leurs enfants, et les maîtres pour leurs domestiques.

49. Les délits prévus par le présent règlement seront constatés, et les délinquans arrêtés, s'il y a lieu, par les gardes champêtres, concurremment avec les bayles et les gardes-chaussées, ainsi que par tous officiers de police judiciaire et administrative ; et celui qui aura constaté un délit, aura droit à la part d'amende accordée aux gardes-chaussées.

50. Les délits de voirie seront portés devant le conseil de préfecture, conformément à la loi du 29 floréal an X, et les autres délits, devant les tribunaux.

51. Toutes les dispositions du décret du 4 prairial an XIII auxquelles il n'a pas été dérogé par le présent, sont maintenues.

52. Notre présent décret et celui du 4 prairial

an **XIII** sont déclarés communs aux associations des chaussées et vidanges de Tarascon, qui auront en conséquence un représentant membre de la commission centrale.

53. Il n'est point statué par le présent règlement relativement aux marais d'Arles, lesquels demeurent exceptés des dispositions prévues par les articles précédens, et ne pourront être assujettis à un régime particulier que par des règlemens ultérieurs.

54. Nos Ministres sont chargés, chacun en ce qui le concerne, de l'exécution du présent décret, qui sera inséré au Bulletin des lois.

Signé **NAPOLÉON.**

Par l'Empereur :

Le Ministre Secrétaire d'état,

Signé LE COMTE DARU.

DÉCRET IMPÉRIAL

Sur l'Établissement d'Archives centrales pour les Associations territoriales d'Arles.

Au quartier général impérial de Dresde, le 15 Mai 1813.

NAPOLÉON, Empereur des Français, Roi d'Italie, Protecteur de la Confédération du Rhin, Médiateur de la Confédération suisse, etc. etc. etc.,

Sur le rapport de notre Ministre de l'Intérieur ;

Vu notre décret du 4 prairial an 13, contenant organisation pour toutes les associations territoriales des Communes d'Arles et Notre-Dame-de-la-Mer, département des Bouches-du-Rhône ;

Vu notre décret de ce jour, additionnel à celui du 4 prairial an 13,

Notre Conseil d'État entendu,

Nous avons décrété et décrétons ce qui suit :

Art. Ier. Il y aura un seul dépôt pour les titres et papiers des associations territoriales d'Arles ; il sera confié à un archiviste qui sera nommé par le Préfet, sur une liste de trois candidats présentés par la commission centrale,

2. L'archiviste fournira un cautionnement en immeubles de six mille francs, pour répondre de ses faits dans l'exercice de ses fonctions.

3. Avant de remettre à l'archiviste les titres et papiers, les syndics de chaque association les numéroteront au dos de chaque pièce ; il en sera fait un inventaire qui sera signé par eux et l'archiviste. L'inventaire sera inscrit sur un registre particulier à chaque association, coté et paraphé par le président de la commission centrale.

Les mêmes formalités seront remplies à l'égard des papiers de la commission centrale.

4. Au 1er. septembre de chaque année, les syndéposeront entre les mains de l'archiviste, et feront ajouter aux inventaires les pièces de leur gestion de l'année précédente.

5. Il en sera usé de même pour les titres et papiers de la commission centrale,

6. Les titres et papiers de chaque association, ainsi que ceux de la commission centrale, seront mis en ordre et conservés dans des armoires particulières dont l'archiviste aura les clefs.

7. Les assemblées des associations seront

présidées par un membre de la commission centrale ; l'archiviste y assistera, ainsi qu'aux adjudications qui seront faites par les syndics ; il rédigera les délibérations et les procès-verbaux des adjudications, et les inscrira sur les registres ouverts *ad hoc* pour chaque association, lesquels seront cotés et paraphés par le président de la commission centrale.

8. La commission centrale tiendra ses séances dans le local affecté au dépôt des archives, l'archiviste y aura son bureau, qui sera ouvert tous les jours, excepté les jours de fêtes, aux heures fixées par la commission centrale.

9. L'archiviste sera responsable de tous les titres et papiers confiés à sa garde, et ne pourra s'en dessaisir ; mais il en donnera connaissance sans déplacement et sans frais aux heures de son bureau, aux membres de la commission centrale, aux syndics et aux membres des associations.

10. L'archiviste assistera régulièrement aux séances de la commission centrale, et sous la direction du membre secrétaire institué par l'article 51 de notre décret du 4 prairial an 13 ; ledit archiviste rédigera les délibérations, tiendra les registres et fera toutes les écritures copies et expéditions.

11. Il délivrera *gratis* aux syndics des associations et à la commission centrale, quand il y aura lieu, les copies des délibérations, devis estimatifs des réparations et cahier des charges. Il rédigera et mettra au net les mémoires et pétitions desdits syndics, et dressera les rôles de répartition, des impositions ordinaires et extraordinaires de chaque association.

12. Il fera et renouvellera les listes de ceux qui ont droit de voter aux assemblées et d'être syndics ; il fera tous les états, copies et expéditions nécessaires aux syndics, relativement à leur gestion.

13. Le traitement annuel de l'archiviste et ses frais du bureau et d'expéditions, seront réglés par le Préfet sur la proposition de la commission centrale.

Ce traitement sera payé sur les mandats de la commission centrale par le percepteur général, qui en fera la répartition sur toutes les associations, conformément à l'art. 54 du décret du 4 prairial.

14. Les syndics des associations ne pourront plus porter en dépense dans leurs comptes, aucuns frais pour rédaction d'états, tenues d'écritures, copies de pièces et autres semblables ; il leur est expressément défendu de tirer

pour des dépenses de cette nature, aucuns mandats sur les percepteurs particuliers, ou sur le percepteur général, et à ceux-ci de les acquitter, sous peine d'en être personnellement responsables.

15. Est excepté de la disposition précédente la dépense relative à l'arpentage nécessaire à la confection des rôles de l'association des arrosans de la Crau, qui restera à la charge de ladite association, et à laquelle il continuera d'être pourvu par les syndics.

16. En cas d'empêchement ou de besoin, l'archiviste pourra se faire suppléer par un commis désigné d'avance dans les formes prescrites par l'article 1er.

17. Lors du décès de l'archiviste, les scellés seront desuite apposés sur le dépôt confié à sa garde, à la réquisition de la commission centrale, des syndics, ou de toute autre partie intéressée la plus diligente.

18. En cas de mutation d'archiviste, il sera fait par la commission centrale, un état et récolement des titres et papiers portés sur les inventaires, avec l'archiviste nouvellement nommé.

19. S'il manque quelqu'une des pièces con-

fiées à la garde de l'ancien archiviste, la commission centrale prendra toutes les voies de droit pour les faire rétablir, ou pour obtenir des dommages et intérêts, et elle ne pourra décharger l'ancien archiviste, ou les représentans de son cautionnement, qu'après y avoir été autorisé par le Préfet.

20. Notre Ministre de l'Intérieur est chargé de l'exécution du présent décret.

Signé NAPOLÉON.

Par l'Empereur :

Le Ministre Secrétaire d'État,

signé LE COMTE DARU.

Pour ampliation :

Le Ministre de l'Intérieur, Comte de l'Empire,

signé MONTALIVET.

Pour copie conforme :

Le Directeur général des Ponts et Chaussées,

signé LE COMTE MOLÉ.

Pour expédition conforme :

Le Secrétaire-Général par intérim, BAUDUN.

RÈGLEMENT

En exécution du Décret du 4 Prairial an 13, et du Décret du 15 Mai 1813, sur les Chaussées du Rhône.

TITRE Ier.

Art. Ier. Les secours à porter sur les chaussées dans les crues du Rhône, seront de trois espèces, en proportion de l'imminence du danger, savoir :

1°. Les ouvriers libres.
2°. Les ouvriers classés.
3°. Tous les habitans.

2. Le Maire d'Arles nommera dans chaque section de la ville, deux particuliers connus par leur probité, leur intelligence et leur activité, et qui auront le titre de chef de section.

Dans les sections les plus peuplées, le nombre des chefs de section pourra être augmenté.

3. Les chefs de section seront tenus de dresser un état nominatif de tous les travailleurs de terre, maçons, charpentiers, menuisiers et charrons habitants dans leur section. Une copie de cet état sera remise à la mairie, l'autre à la commission centrale.

4. Tous les ouvriers des professions ci-dessus désignées seront divisés en compagnies : il en sera formé quatre de maçons et quatre de menuisiers, charpentiers ou charrons, ayant chacune un chef et trois sous-chefs nommés par la mairie et subordonnés entr'eux, suivant l'ordre de leur grade. Ces compagnies se transporteront en totalité ou en partie, d'après les ordres du Maire, dans les lieux qui leur seront indiqués, les chefs ou sous-chefs qui les commanderont, seront sous les ordres des syndics ou surveillans des postes où ils seront employés. Chaque compagnie marchera à son tour.

5. Quand la commission centrale aura prévenu le Maire, que l'état du Rhône exige qu'elle s'établisse en permanence, le Maire convoquera sur-le-champ tous les chefs de section et leur ordonnera de parcourir les maisons des travailleurs de leur section, pour s'assurer de ceux qui seront en ville.

Ils préviendront tous les travailleurs que dès ce moment ils sont en réquisition, et qu'ils ne peuvent plus s'absenter, jusqu'à ce que le Maire ait fait publier qu'ils peuvent aller vaquer à leurs affaires.

6. Aussitôt que la commission aura fait une demande d'hommes au Maire, il mandera les chefs de section, et répartira entr'eux le nombre d'hommes à fournir. Les chefs de section réuniront ces hommes et les conduiront à l'Hôtel-de-ville, munis d'une pelle en fer et d'une petite hache ou *fossil*

avec des vivres pour trois jours, pour être mis à la disposition de la commission centrale, avec un état nominatif signé des chefs.

7. Les chefs de section tiendront un registre, où ils inscriront à chaque fois ceux qui auront marché, pour qu'en cas d'une nouvelle demande ou d'une autre crue du Rhône, chacun marche à son tour.

8. Si le danger devient si pressant, qu'il faille appeler indistinctement tous les citoyens à la défense du territoire, sur la demande par écrit de la commission centrale, le Maire fera sonner le tocsin, et accompagnera cette mesure d'une publication qui en indiquera les motifs.

9. A cette publication, tous les habitans valides de tout état et de tout sexe, se réuniront dans les places les plus voisines de leur habitation, et y attendront les ordres du Maire. Les chefs de section choisiront, dans ces réunions, le nombre de personnes qui leur auront été demandées, d'après le mode prescrit par l'article 6.

10. Toute personne commandée pour marcher, ne pourra s'y refuser sans motifs, légitimes, ni se rendre à un poste différent de celui qui lui aura été assigné ; elle se munira de vivres pour trois jours et des outils nécessaires ou paniers dits *tareirons.*

11. Nul habitant ne pourra sortir de l'enceinte de sa section, avant que le maire n'ait fait publier que chacun peut se retirer.

12. Les *mas* du territoire seront divisés en sections, comme les quartiers de la ville : il sera nommé des chefs de section de campagne par le Maire, lesquels auront la même autorité que ceux de la ville ; ils feront marcher les hommes des divers domaines de leur section, d'après les ordres du Maire, qui seront transmis aux chefs de section de proche en proche, depuis la ville jusqu'aux extrémités du territoire.

13. En cas de besoin pressant, les syndics des chaussées pourront requérir les chefs de section de la campagne, de leur fournir des hommes, sans attendre les ordres du Maire, à la charge d'en prévenir la commission centrale.

14. S'il se trouve dans les campagnes des ateliers de travailleurs occupés à tout autre travail qu'à celui des chaussées, travaillant même pour leur compte, les chefs de section auxquels il sera fait des demandes d'hommes, pourront les prendre dans ces ateliers, et les envoyer dans un ou plusieurs postes des chaussées suivant les besoins.

Les syndics ou les bayles d'une association pourront aussi faire suspendre les travaux de ces ateliers, et ordonner aux hommes de se rendre aux postes les plus menacés, sans que le chef desdits ateliers puisse s'y opposer.

15. Dans le cas prévu par l'article 5 du présent règlement, le Maire appellera le capitaine du port, pour lui désigner le nombre d'hommes et de chaloupes qu'il devra mettre en réquisition.

Ces chaloupes resteront à la disposition du Maire, qui les employera, soit à porter des vivres et des secours aux gens et bestiaux des domaines inondés, et à transmettre à la ville leurs demandes ; quelle que soit leur destination, il est expressément défendu aux équipages desdites chaloupes, de retirer aucune rétribution des personnes aux secours desquelles ils seront employés.

16. Les chaloupes et bateaux mis en réquisition ne partiront pas du port, sans un ordre du Maire, transmis par le capitaine du port, et sans être commandés par un citoyen d'une probité reconnue, qui sera nommé par le Maire, pour maintenir le bon ordre parmi les matelots et rendre compte de leur conduite.

TITRE II.

17. Chaque association aura son dépôt ou magasin sous clef, le plus près que possible de ses chaussées, et de préférence dans le mas d'un des surveillans.

18. Dans chaque dépôt, il sera fourni :

Deux grosses haches ;

Deux *vespies ;*

Douze paniers dits *tareirons ;*

Deux bayards ;

Deux fanaux en corne ;

Deux barres de 3 mètres de long ;

Et une scie.

19. L'état des effets restera entre les mains des syndics et du bayle qui aura la clef du dépôt. Il sera chargé de les entretenir en bon état, et de les représenter aux commissaires de la commission centrale, dans le cours de leurs tournées, et de les distribuer en cas de besoin aux sous-bayles, et de les faire réintégrer dans le dépôt.

20. Il sera placé au centre de chaque arrondissement de surveillance et aux lieux les plus découverts, une barre en bois armée de fagots, pour être allumée et servir de signal dans le danger. A ce signal, les deux tiers des ouvriers employés aux deux arrondissemens les plus voisins, se rendront desuite aux points menacés avec leurs outils, sous la conduite des sous-bayles.

21. En cas d'insuffisance de ce renfort, il sera allumé un second feu, qui sera répété par les deux arrondissemens qui auront déjà envoyé les deux tiers de leurs ouvriers, afin que les deux arrondissemens les plus voisins ensuite, envoient le même

nombre d'ouvriers sur les points menacés, dont les surveillans et bayles commanderont lesdits ouvriers.

TITRE III.

22. Les agens qui dirigeront les secours, seront :

1°. Les syndics des associations ;

2°. Les surveillans d'arrond[t]. de chaussées ;

5°. Les bayles ou gardes-chaussées ;

4°. Les sous-bayles.

23. Les sous-bayles n'auront de fonctions à remplir comme les surveillans que pendant le danger.

24. Il y aura un bayle ou garde-chaussée et un sous-bayle temporaire pour chaque distance de 4000 mètres de chaussées ; ils seront sous les ordres des syndics et surveillans pour diriger les ouvriers.

25. Les sous-bayles, lorsqu'ils seront employés, recevront un supplément de paye de 50 centimes par jour en sus du salaire des autres ouvriers, et ils seront employés de préférence aux travaux ordinaires dans le cours de l'année.

26. Les syndics pourront remplacer provisoirement les bayles et sous-bayles, en cas d'empêchement ou de mécontentement.

27. Les surveillans auront la police des ateliers et la direction des travaux ; ils tiendront les états des travailleurs, noteront ceux qui, requis d'aller sur les chaussées, ne s'y seront pas rendus,

ou s'y seront mal conduits. Ils feront leurs rapports aux syndics.

TITRE IV.

28. Aussitôt que le Rhône s'élèvera à la hauteur de 4 mètres 3 décimètres du rhônomètre placé au pont d'Arles, les syndics de chaque association établiront dans chaque distance de 4000 mètres, un poste de dix hommes munis d'une pelle en fer et d'une petite hache ou *fossil* avec des vivres pour trois jours.

29. Chaque poste sera commandé par un sous-bayle; s'il est absent, en attendant son arrivée, un des neuf hommes qui devront être sous ses ordres, sera choisi par les syndics pour le remplacer dans le commandement du poste, et pendant tout ce tems, il aura le droit au supplément de paye de 50 centimes par jour, accordé aux sous-bayles. Dès que ces hommes seront arrivés dans l'arrondissement désigné, ils s'occuperont desuite aux travaux les plus pressants pour la conservation de la partie de chaussée dont la garde leur sera confiée.

30. Pendant toute la durée de leur surveillance, les sous-bayles seront tenus, sous leur responsabilité et sous peine d'être privés de leur supplément de paye, d'employer utilement dans la journée, les hommes sous leurs ordres, à former des levadons ou des rehaussements dans les parties où les chaussées

seront trop basses, à combler les dégradations oc-
casionnées par les pluies, à boucher les trous des
lapins, des taupes, à couper les ronces, etc.

31. Pendant la nuit, la moitié des hommes de
chaque poste sera toujours sur pied, à en parcourir
toute la longeur, ils se relèveront de deux en deux
heures, et viendront rendre compte chaque fois au
sous-bayle de ce qui aura lieu pendant la durée de
leur ronde.

32. Si cette surveillance dure plus de trois jours
et deux nuits, les syndics pourront remplacer en
tout ou en partie les hommes de chaque poste ou
les garder plus long-tems, en détachant un homme
de chaque poste pour venir prendre des vivres
pendant deux jours pour ceux qui resteront.

33. Nul travailleur ne pourra abandonner son
poste, sans l'autorisation du sous-bayle, ni avant
l'arrivée de son remplaçant ou la communication
des ordres du syndic, sous peine de punition.

34. Si le Rhône s'élève à la hauteur de 4 mètres 6 décimètres du rhônomètre placé à la tête du
pont d'Arles, les syndics donneront ordre aux surveillans de se rendre dans leurs arrondissemens
respectifs. Le plus âgé des syndics se rendra auprès de la commission centrale, pour rester en permanence et correspondre avec les autres syndics,
qui se transporteront desuite sur les chaussées de
leur association, accompagnés du bayle, pour visi-

ter tous les postes, leur donner les ordres nécessaires suivant les circonstances, et demander au
syndic resté en ville les secours dont ils auront besoin.

En cas d'absence de tous les syndics d'une association, les deux surveillans les plus âgés les remplaceront dans leurs fonctions.

55. La correspondance des syndics ou des surveillans employés sur les chaussées avec le syndic
resté auprès de la commission centrale, se fera de
poste en poste, depuis les extrêmités du territoire
jusqu'a la ville.

Dans le cas où il faudroit une plus grande dili-
gence, ce qui sera constaté par la demande motivée
par écrit du syndic ou du surveillant qui la jugera
nécessaire, adressée à la commission centrale, le
transport des lettres d'avis se fera par des gens à
cheval pris dans les campagnes les plus voisines de
chaque poste, qui n'auront à parcourir que quatre
mille huit cents mètres, à moins qu'il n'y ait une
plus grande distance d'une habitation à l'autre,
auquel cas la course seroit prolongée jusqu'à la
maison de campagne la plus voisine.

Les propriétaires ou fermiers ne pourront se
refuser à fournir l'homme et le cheval qui leur seront demandés, sous peine d'être personnellement
responsables des lenteurs que leurs refus pourroit
occasionner.

36. Aussitôt que le Rhône sera parvenu à la hauteur de 4 mètres 6 décimètre du rhônomètre, ou que par la force du vent et de l'élévation des vagues, il y aura à craindre une rupture des chaussées, la commission centrale écrira au Préfet et au Maire d'Arles, pour les informer du danger qui menace le territoire, et les prévenir qu'elle va s'établir en permanence dans le lieu ordinaire de ses séances.

37. Quel que soit le nombre de ses membres présens, elle appellera auprès d'elle un syndic de chaque association, pour en avoir tous les renseignemens relatifs à l'état de leurs chaussées, aux moyens déjà pris pour les surveiller, et à ceux à prendre encore pour les préserver d'une rupture.

38. Si les hommes déjà envoyés sur les chaussées ne sont pas suffisans pour fournir aux demandes des syndics, la commission centrale écrira au Maire d'Arles, pour lui demander le nombre d'hommes nécessaires : quand le Maire les lui aura procurés, elle en fera la distribution et en remettra l'état nominatif aux différents syndics ou particuliers, en observant de séparer le moins possible les hommes de chaque section.

39. Si le danger augmente de manière à ce que tous les travailleurs qu'on aura pu rassembler ne soient pas encore suffisans pour empêcher un subversement des eaux du fleuve, la commission

centrale écrira au Maire d'Arles, pour réclamer l'exécution de l'article 8 du présent règlement.

40. Quand la cessation du danger aura fait rappeler tous les postes, les syndics rendront à la commission centrale un compte détaillé de la manière dont la surveillance aura eu lieu, et lui fourniront un état nominatif des personnes qui y auront été employées, et des dépenses particulières qu'ils auront faites.

41. La commission centrale fixera le prix des journées, règlera et arrêtera les états de dépenses présentés par les syndics, pour être acquittés par le percepteur général des associations. Elle fera un rapport général de la manière dont les chaussées auront été défendues, et du zèle ou de la mauvaise volonté de ceux qui y auront été employés.

Le résumé de l'état et le rapport seront adressés au Préfet, avec la proposition de récompenser ceux qui se seront distingués, et de provoquer la punition de ceux qui se seront mal conduits.

42. Si la commission centrale a fait quelque dépense urgente, qui ne soit relative à aucune association en particulier, le percepteur général des associations sera tenu d'acquitter desuite les mandats, et la commission centrale en rendra compte au Préfet, pour obtenir son approbation, et qu'il en ordonne la répartition sur toutes les associations chargées de l'entretien des chaussées.

43. Le présent règlement sera applicable aux villes de Tarascon et de Sainte-Marie, avec la seule différence que les syndics des associations de ces deux villes s'adresseront directement à leur mairie, pour leur demander le nombre d'hommes nécessaire, sans passer par l'intermédiaire de la commission centrale, avec laquelle néanmoins ils correspondront pour la tenue au courant de leurs opérations, d'après le mode prescrit par l'article 3 du présent règlement.

44. Les points du rhônomètre fixés par les articles 13 et 19, pour établir le mode de surveillance des chaussées, pourront être changés, d'après l'avis de la commission centrale, approuvé par M. le Préfet, dans le cas où les chaussées seroient exhaussées.

Pour copie conforme au règlement approuvé par Son Excellence le Ministre, le 22 juin 1813.

Signé Comte Molé.

Pour copie conforme :

Le Secrétaire-général de la Préfecture par intérim,

Baudun.